MENTE Fuerte

Dedicado al Venerable Wangdor Rimpoche

Escrito por Ziji Rinpoche
Serie "BeginningMind" #2

Ilustrado por Celine Wright
www.shortmomentsforkids.com

Copyright © 2020 Short Moments for Kids (Momentos Breves para Niños)

Todos los derechos reservados.

Ninguna parte de esta publicación puede ser reproducida o distribuida en formato alguno sin consentimiento previo por escrito del editor.

Texto © 2020 Ziji Rinpoche
Ilustraciones y diseño de portada © 2020 Celine Wright

Título en el idioma original: Strong Mind
Traducción al español © 2024

Libro #2 de la serie "BeginningMind"
(Iniciación a la naturaleza de la mente)

ISBN de Tapa dura: 978-1-915175-47-2
ISBN de Tapa blanda: 978-1-915175-46-5
ISBN de Ebook: 978-1-915175-48-9

Short Moments of Strong Mind
for Kids

Dedicado a... ¡ti!

"Practica la mente fuerte cuando tengas sentimientos tormentosos porque la mente fuerte siempre está feliz, calma y tiene una amabilidad muy poderosa.

La mente fuerte está siempre disponible para ayudarte. ¡La mente fuerte te pertenece y nadie puede quitártela! ¡Te pertenece!"

La mente es amable. La mente es amorosa.
La mente es siempre fuerte e inteligente.

Cuando confiamos en la mente fuerte, nuestra amabilidad y energía poderosa crecen.

¿Cómo sabes qué hacer con tu cuerpo?

¿Cómo sabes qué palabras decir cuando hablas?

La mente le dice a los pensamientos
y sentimientos qué hacer.

Y los pensamientos y sentimientos no pueden decirle a nuestra mente qué hacer.

Nuestros pensamientos y sentimientos
pasan volando, como un pájaro en el cielo,
no dejan rastro.

Hmmm... hablando de sentimientos tormentosos, ¿dónde están los sentimientos tormentosos? Veamos. ¿Los sentimientos tormentosos están...

...en tu espalda?

...en tu dedo gordo del pie??

La mente es fuerte y calma, como el cielo.
Los sentimientos tormentosos son como un arcoiris en el cielo.

Así como un arcoiris desaparece,
los sentimientos tormentosos también desaparecen.

La mente fuerte es amable
y está llena...

Tu mente fuerte está llena de felicidad!

La autora Ziji Rinpoche y su maestro Wangdor Rimpoche

Ziji Rinpoche ama enseñar y escribir y su último libro se llama "Al surfear un tsunami…".

Ziji Rinpoche es la sucesora del linaje Dzogchen del Venerable Wangdor Rimpoche. Cada metáfora e instrucción clave tiene su origen en las Enseñanzas Dzogchen que se pasan de un maestro a otro, como una cadena de montañas doradas.

Wangdor Rimpoche le pidió a Ziji Rinpoche que efectuara la continuación del Dzogchen en el ámbito de la cultura global contemporánea. Ziji Rinpoche estableció la comunidad en línea de Breves Momentos para apoyo mutuo en la familiarización con la naturaleza de la mente. Mediante la aplicación Short Moments cualquier persona puede tener acceso a enseñanzas Dzogchen profundas y poderosas. Descubre más en http://shortmoments.com

La ilustradora Celine Wright

Celine ama dibujar, empoderar a los niños y niñas y contar historias. Cuando fue introducida a la naturaleza de la mente por Ziji Rinpoche, quedó impactada por el poder de la mente, abierta como el cielo, siempre clara y sabia sin importar los sentimientos tormentosos. Ella reconoció que amaría haber aprendido sobre la mente en su infancia. Se sintió inspirada para ilustrar las enseñanzas en libros para niños, que introducen la mente fuerte a los niños.

Combinando su formación en Bellas Artes (licenciatura), Artes del Espectáculo (máster), Dzogchen (estudiante de Ziji Rinpoche desde 2007) y Educación de la Temprana Infancia (asistente maternal), Celine ahora enseña Dzogchen para Niños, lee libros en escuelas y festivales y ama ilustrar nuevos libros en http://shortmomentsforkids.com.

www.ingramcontent.com/pod-product-compliance
Lightning Source LLC
Chambersburg PA
CBHW041502220426
43661CB00016B/1229